DIAGRAMA ISHIKAWA PENTRU GESTIONAREA RISCURILOR   4

Informații cheie   4
Introducere   5

TEORIE   6

Scopul diagramei Ishikawa   6
Ipoteze   6
Componentele modelului   7
De la 5 Ms la 7 sau 8 Ms   7
Avantaje   8

LIMITĂRI ȘI EXTINDERI   10

Limitări și critici   10
Modele și extensii conexe   10

APLICAȚIE PRACTICĂ   14

Sfaturi și bune practici   14
Studiu de caz   18

REZUMAT   23

LECTURI SUPLIMENTARE   25

Bibliografie   25
Surse suplimentare   26

DIAGRAMA ISHIKAWA PENTRU GESTIONAREA RISCURILOR

INFORMAȚII CHEIE

- **Nume: Diagrama** Ishikawa, diagrama în formă de spini de peşte, diagrama în formă de spini de hering, diagrama cauză-efect, Fishikawa, cele 5 Ms.

- **Utilizări:** Diagrama Ishikawa identifică cauzele şi efectele unei probleme. De asemenea, poate fi utilizată ca instrument analitic în gestionarea proiectelor (în special în gestionarea riscurilor) şi în controlul calității.

- **De ce are succes?** Acest instrument împiedică utilizatorii să treacă cu vederea unele dintre cauzele unei probleme şi oferă elementele necesare pentru studierea unor potențiale soluții. Această diagramă este considerată a fi un instrument de management al calității.

- **Cuvinte cheie:**

  - <u>Abordare</u>: metodă; mod de a raționa.

  - <u>Brainstorming</u>: o tehnică originală de cercetare bazată pe asocieri libere propuse de toți membrii unui grup.

  - <u>Cauză</u>: motivul pentru care se întâmplă ceva; lucrul care provoacă sau este responsabil pentru acel lucru.

- Efect: rezultat sau consecință.

  - Cota de piață: procentajul vânzărilor întreprinderii în raport cu vânzările totale din sector.

  - Problemă: o problemă sau o întrebare care poate fi dezbătută și care necesită o rezolvare.

  - Soluție: un răspuns la o problemă sau la o întrebare.

INTRODUCERE

Istorie

Diagrama Ishikawa a fost inventată de Kaoru Ishikawa (1915-1989), un profesor și inginer chimist japonez de la Universitatea din Tokyo. Expert renumit și pionier în domeniul teoriilor de management al calității, acesta a folosit această diagramă pentru prima dată în 1943 pentru a încerca să explice unui grup de ingineri dintr-o companie siderurgică cum să înțeleagă o problemă pe baza unei analize globale - cât mai exhaustive - a unor factori complecși.

Definirea modelului

Diagrama Ishikawa este un instrument grafic utilizat de întreprinderi care oferă o imagine de ansamblu a cauzelor și efectelor unei probleme. Prin clasificarea cauzelor, sursele problemei pot fi identificate cu precizie.

Deși diagrama Ishikawa este utilizată în principal în afaceri ca instrument de gestionare a calității sau a proiectelor, ea se pretează foarte bine și la gestionarea riscurilor. Într-adevăr, diagrama permite nu numai rezolvarea problemelor, ci și anticiparea lor. De exemplu, atunci când o întreprindere dorește să pună în aplicare un proiect, aceasta examinează aspectele care ar putea intra în discuție în cazul în care proiectul eșuează. Prin evaluarea diferitelor elemente care ar putea duce la eșecul proiectului, compania știe exact unde să-și concentreze atenția pentru a preveni materializarea efectivă a problemei.

SCOPUL DIAGRAMEI ISHIKAWA

Metoda Ishikawa este un instrument de planificare a afacerilor care are ca scop să ofere o analiză vizuală și structurată a cauzelor și efectelor unei probleme specifice.

IPOTEZE

Modelul Ishikawa se bazează pe două ipoteze:

- există un număr limitat de cauze primare și secundare pentru fiecare problemă;
- Distincția între aceste două tipuri de cauze este primul pas către rezolvarea problemei.

COMPONENTELE MODELULUI

Profesorul Ishikawa clasifică diferitele cauze ale unei probleme în cinci grupe, numite cele 5 Ms.

- **Materiale:** se referă la tot ceea ce poate fi consumat sau utilizat în cadrul proiectului, cum ar fi materii prime, hârtie, apă, electricitate etc.

- **Metodă:** aceasta include procedurile existente, fluxul de informații, cercetarea și dezvoltarea, modurile de funcționare etc.

- **Mama Natură:** corespunde mediului și contextului, care poate avea un impact asupra proiectului (locul de muncă, spații verzi etc.).

- **Mașină:** se referă la echipamentul necesar pentru proiect. Aceasta include, de exemplu, spații, piese de schimb, echipamente, hardware, software, tehnologie, utilaje sau echipamente de uzină. Această categorie necesită, în general, investiții.

- **Forța de muncă:** se referă la resursele umane implicate în proiect și la calificările personalului.

Fiecare categorie poate include alte cauze sau categorii de cauze, în funcție de nivelul de detaliere dorit.

DE LA 5 MS LA 7 SAU 8 MS

Deși inițial a fost limitată la 5 Ms, diagrama a fost extinsă de unii la 7 sau 8 Ms, în funcție de situație. Obiectivul în sine rămâne neschimbat (cu alte cuvinte, permite în continuare o vizualizare concretă, globală și exhaustivă a cauzelor unei probleme care trebuie tratată cu prioritate) și, cel mai important, permite identificarea celei mai eficiente soluții.

Următorii factori pot fi adăugați la cei 5 Ms. inițiali:

- **Măsurare**: corespunde oricărui lucru care poate fi cuantificat pentru a ajunge la un rezultat;

- **Management:** este vorba despre o metodă de supraveghere, stilul de conducere etc.;

- **Întreținere:** bugete, costuri, venituri etc., care vor avea în mod inevitabil un impact asupra tuturor celorlalți membri.

AVANTAJE

Diagrama Ishikawa oferă multe avantaje, deoarece permite utilizatorilor să:

- să clasifice toate cauzele unei probleme;

- descompune o problemă relativ mare;

- încurajați toți membrii echipei să participe la analiză și, în acest fel, creați o dinamică de gestionare a proiectului;

- evitați ca, prin lucrul în grup, cauzele să fie trecute cu vederea;

- să identifice domeniile în care trebuie să se facă cercetări suplimentare, acolo unde uneori lipsesc informațiile;

- analizează o problemă, indiferent de domeniul sau de domeniul de activitate în care este experimentată;

- furnizează elemente pentru a dezvolta o soluție adecvată la problemă;

- să ofere o imagine de ansamblu a lanțului de cauză și efect.

Acest tip de instrument participativ oferă un câmp de viziune și de reflecție relativ larg, care le permite utilizatorilor să treacă dincolo de observațiile prea simpliste atunci când apare o problemă. Acesta extinde domeniul de aplicare al posibilelor cauze ale problemei (potențiale) și, în același timp, identifică soluții și intervenții care trebuie puse în aplicare pentru a preveni sau a rezolva o problemă specifică.

LIMITĂRI ȘI EXTINDERI

LIMITĂRI ȘI CRITICI

- În ciuda numeroaselor sale avantaje, diagrama Ishikawa nu este deosebit de utilă în cazul problemelor extrem de complexe, în care cauzele sunt numeroase și problemele sunt interdependente. Cu toate acestea, deseori, aceste interrelații sunt cele care stau la baza unei probleme actuale sau potențiale.

- O a doua critică a modelului este clasificarea cauzelor. Aceasta este realizată în funcție de experiența grupului de lucru, când nu se bazează pe o analiză statistică a problemei apărute anterior. Prin urmare, această ierarhizare poate varia de la un grup la altul, în funcție de punctele de vedere subiective ale acestora, și poate fi mai puțin relevantă și mai puțin reușită decât datele strict statistice.

În general, este recomandabil să se utilizeze metoda Ishikawa împreună cu o altă metodă pentru a asigura obiectivitatea și relevanța analizei.

MODELE ȘI EXTENSII CONEXE

Mai multe instrumente pot fi utilizate pentru a extinde gândirea asupra aceleiași probleme.

Cele 5 motive

Metoda celor 5 motive, dezvoltată şi implementată pentru prima dată în cadrul companiei japoneze de automobile Toyota, are ca scop investigarea cauzelor profunde ale unei probleme.

Metoda este simplă, dar foarte eficientă: constă în a pune întrebarea "De ce?" de cinci ori, pentru a identifica adevărata sursă a problemei. Ca atare, după identificarea cauzei de suprafață, grupul de lucru poate căuta diferitele cauze profunde ale problemei prin întrebarea "De ce?". Aceste cauze vor apărea, de obicei, după a doua sau a treia interogare. De cele mai multe ori, cauzele organizaționale se află la originea problemei. Este important să nu vă grăbiţi şi să luaţi în considerare cu precizie diferitele niveluri, pentru a evita să treceţi cu vederea elemente-cheie. Această metodă este în mare măsură similară cu diagrama Ishikawa.

Diagrama Pareto

Acest grafic, sau mai degrabă histogramă, este un instrument de analiză a datelor care permite utilizatorilor să vizualizeze apariţia problemelor sub formă de procente în ordine descrescătoare. Acest lucru face ca prioritatea să fie mai clară, deoarece factorul de decizie ştie cărui element trebuie să îi acorde atenţie. Acesta este un sistem de bază care facilitează vizualizarea amplorii unei probleme.

Rețeaua de eficiență

Grila de eficiență este un grafic care prezintă diferitele soluții posibile. În timp ce alte instrumente extind câmpul de reflecție asupra originii problemei, grila de eficiență permite o abordare mai matematică și compară atât eficiența, cât și costul soluției. Odată ce grila este completată, utilizatorul va alege în mod logic soluția care se dovedește a fi cea mai eficientă la cel mai mic cost (eficiență), luând în același timp în considerare și fezabilitatea acesteia. În cazul în care, dintr-un motiv sau altul, echipa nu optează pentru această soluție, i se va cere să își justifice alegerea, prezentând obiectivele care au fost clasificate și luate în considerare în mod specific pentru proiect.

Axa x reprezintă costul, iar axa y arată eficiența.

Soluțiile potențiale ar trebui să fie introduse în rețea în funcție de costurile și eficiența lor. Este important să se țină cont de câteva idei de bază privind analiza cost-eficiență:

- eficacitatea este măsurată printr-un singur rezultat stabilit în prealabil;

- ar trebui să se măsoare costul total al fiecărei soluții;

- este un instrument de evaluare a unui proiect sau program, în cazul în care obiectivul poate fi redus la un singur rezultat;

- această analiză poate fi utilizată înainte, în timpul și după un proiect.

Ținând cont de acești factori, soluția cea mai avantajoasă (cea mai eficientă la cel mai mic cost) va deveni clară.

Metoda CARRTDAF

La fel ca și grila de eficiență, metoda CARRTDAF se concentrează mai mult pe găsirea de soluții decât pe cauzele problemei. Cu toate acestea, ea rămâne un instrument interesant și complementar diagramei Ishikawa.

Succesul acestei metode depinde de o serie de factori, inclusiv de participarea activă a grupului de lucru și de diversitatea profesiilor și competențelor participanților. Procedura care trebuie urmată pentru punerea în aplicare a acestui instrument este mai complicată decât cele necesare pentru diagrama Ishikawa și metodele suplimentare prezentate anterior.

Concluzie

Este clar că diferitele modele sunt legate între ele și că analizele unei probleme, cauzele și soluțiile sale merg mână în mână. Este cu siguranță dificil să privim diagrama Ishikawa ca pe un instrument izolat, deoarece analiza cauzelor nu poate avea loc fără o analiză aprofundată a problemei și a soluțiilor acesteia. În orice caz, managerul face parte dintr-un proces continuu și utilizează cât mai multe instrumente metodologice pentru a rezolva o anumită problemă cu grupul său de lucru, până când este convins că a găsit soluții potențial viabile.

APLICAȚIE PRACTICĂ

SFATURI ȘI BUNE PRACTICI

Etapele de construire a diagramei

Diagrama Ishikawa este construită progresiv prin implementarea treptată a diferitelor etape de lucru necesare pentru a reflecta și a elabora o reprezentare grafică utilă a problemei. Mai exact, utilizatorii trebuie:

- **Definiți în mod clar problema** și, după ce ați făcut acest lucru, desenați o săgeată orizontală care să arate spre problemă, accident sau efect.

- **Elaborați un inventar al cauzelor posibile** (de exemplu, prin brainstorming) și colaborați cu persoane competente și experți în domeniul în care apare problema.

- **Colectați datele din brainstorming**.

- **Clasificați ideile în grupe (5-8** Ms**)**, dar fiți conștienți de faptul că nu toate Ms se aplică neapărat fiecărui sector. Rețineți că metoda Ishikawa trebuie adaptată la subiect, la context și la problemă. Această etapă permite trasarea săgeților secundare care trebuie atașate la săgeata orizontală principală. Fiecare dintre aceste săgeți reprezintă unul dintre grupurile de cauze potențiale.

- **Pentru fiecare ramură, căutați cauzele profunde ale problemei** care nu au fost încă identificate. În urma acestei etape, este posibil să se traseze săgeți mai mici corespunzătoare cauzelor din diferite grupuri.

- **Evaluați cauzele prioritare și cântăriți** fiecare cauză pentru a determina cele mai importante căi de acțiune și pentru a le clasifica.

- **Alegeți cauzele asupra cărora să acționați**, odată ce diagrama este finalizată, în funcție de prioritatea care le-a fost acordată. Cauzele potențiale și cauzele secundare vor fi apoi împărțite în două grupuri.

- **Puneți în aplicare soluții și acțiuni corective.** Această etapă poate corespunde unei faze de testare sau unei faze de implementare a soluției.

Toate elementele sunt astfel asamblate, ceea ce permite managerului de proiect să vizualizeze "oasele de pește" și să organizeze grupurile de lucru în funcție de soluțiile care urmează să fie testate. Pentru fiecare M, se va adăuga un "os" la diagramă, așa cum se arată mai jos.

Capcane de evitat

Dificultatea diagramei Ishikawa nu provine atât de mult din metodologia sa în etape, care de fapt o face mai ușor de desenat, cât din neglijarea anumitor elemente cheie:

- **Importanța muncii în echipă.** Acest lucru stă la baza întregii gândiri în timpul și după construirea diagramei. De fapt, fără o reflecție amplă, fără o echipă cu competențe diverse, fără o mentalitate de grup sau fără o participare colectivă activă și dinamică (căutarea de soluții, acordul consensual asupra priorităților etc.), cauzele problemei nu vor fi analizate în profunzime și este posibil ca soluția cea mai evidentă să nu fie luată în considerare.

- **Utilizarea instrumentului.** Deși diagrama Ishikawa este considerată un instrument de management al calității, ea nu trebuie redusă doar la acest scop. Atunci când se pregătește un proiect, ea poate fi utilizată pentru o analiză contextuală și/sau pentru analiza riscurilor potențiale, un aspect care este acum din ce în ce mai mult luat în considerare în afaceri. În plus, ar fi păcat să o considerăm doar ca un instrument de căutare a cauzelor unei probleme, deoarece poate fi utilizată și pentru a analiza cauzele succesului.

- **Natura brainstormingului.** Este recomandabil să se facă schimb de puncte de vedere cu toți membrii echipei pentru a aborda toate aspectele (cauze și efecte) ale problemei, fiecare persoană fiind liberă să își exprime opinia personală cu privire la problema în cauză.

- **Respectul pentru proces.** Este important să se clasifice progresiv cauzele, în funcție de importanța lor în raport cu problema. Într-adevăr, diagrama Ishikawa se bazează, în principal, pe chestionare și pe găsirea unor idei interdependente cu privire la problema studiată.

- **Întinderea aplicabilității sale.** Deși metoda Ishikawa a fost inițial destinată inginerilor și orientată, în general, spre lumea afacerilor, ea ar trebui să fie aplicabilă în toate sectoarele (publice și private), cum ar fi spitalele. Terminologia sa și factorii studiați cu acest instrument ar trebui, prin urmare, să fie adaptate la sectorul în care se aplică analiza.

Recomandări

Diagrama Ishikawa este discutată în multe lucrări de referință care oferă o varietate de opinii relevante cu privire la implementarea corectă a acestui instrument. Mai jos sunt prezentate câteva dintre principalele sfaturi din literatura de specialitate:

- **Fiți metodic.** Deși diagrama Ishikawa este un instrument foarte interesant și eficient, este totuși important să evitați să faceți economii și să căutați cauzele înainte de soluții.

- **Fiți atenți.** În timpul discuției, pot fi identificate noi cauze. În această etapă de brainstorming, nimic nu trebuie să fie ignorat, pentru a încuraja creativitatea, deschiderea și sugestiile din partea grupului.

- **Fiți meticuloși.** Dacă cauzele sunt prea numeroase și duc la o diagramă prea complicată, este mai bine să o construiți ramură cu ramură.

- **Fiți pragmatici.** Este esențial să se adapteze terminologia acestui instrument la sectorul în care este aplicat.

- **Fiți minuțioși.** Diagrama nu trebuie să se limiteze la cauzele negative, ci trebuie să analizeze și cauzele pozitive.

- **Fiți precis.** Verificați dacă cauzele determinate conduc efectiv la efectul observat în practică.

STUDIU DE CAZ

Diagrama Ishikawa permite o analiză ușoară, directă și structurată a unei probleme prin definirea cauzelor și efectelor acesteia. Să luăm exemplul unui supermarket din Geneva, care se confruntă cu o rată foarte scăzută de satisfacție a clienților, și să presupunem că:

- Supermarketul este un magazin bine-cunoscut, care deține o cotă de piață egală cu cea a celorlalte super-marketuri din Geneva.

- Compania își propune să atingă o rată anuală de satisfacție a clienților de 80%.

- Departamentul de marketing decide să implementeze un sondaj de satisfacție pentru a afla cum sunt percepute serviciile oferite clienților.

- Sondajul este relativ scurt, cu o singură întrebare pentru fiecare subiect, și anume "Sunteți mulțumit de...?", la care trebuie să se răspundă pe o scară de satisfacție de la 0 la 5 (0 reprezentând o insatisfacție totală și 5 o satisfacție totală). Printre subiecte se numără calitatea personalului, calitatea produselor, infrastructura, amplasarea supermarketului etc.

Rețineți că un sondaj de satisfacție mai detaliat ar fi putut ajuta echipa să înțeleagă mai bine cauzele reale ale nemulțumirii generale. Cu toate acestea, întrucât clienții îi dedică, în general, puțin timp, anchetatorii preferă adesea să le ofere un chestionar scurt.

Problema întâlnită

După ce au fost chestionați aproape 500 de clienți din zece magazine diferite, rezultatele au arătat un nivel scăzut de satisfacție a clienților: doar 20%.

Aplicarea modelului

Pentru a lua măsuri concrete, echipa de marketing decide să analizeze cauzele problemei înainte de a elabora o soluție sau chiar un plan de acțiune.

Managerul departamentului de marketing dorește să înființeze un grup de lucru format din membri din diferite departamente, cu competențe diverse și experiență pe termen lung. În acest scop, ea contactează fiecare departament (comunicare, finanțe, produse, logistică etc.) cu scopul de a obține o viziune mai largă asupra cauzelor care stau la baza problemei în timpul etapei de brainstorming. După ce membrii sunt selectați, ea le explică faptul că tema următoarei reuniuni de lucru va fi identificarea cauzelor care stau la baza rezultatelor îngrijorătoare ale sondajului de opinie: o rată de satisfacție de 20%, care este departe de obiectivul anual de 80% stabilit inițial. Astfel, managerul le poate cere participanților să noteze în prealabil care cred ei că sunt cauzele (primare și secundare) ale acestei probleme.

- **Prima întâlnire.** În timpul primei sesiuni de brainstorming, discuția este animată și se face schimb de idei. Conducătorul de grup al sesiunii de lucru oferă o listă a tuturor cauzelor identificate în funcție de cele cinci categorii majore de cauze sugerate de Ishikawa: material, metodă, Mama Natură, mașină și forță de muncă. Cauzele legate de aspectul bugetar, adică de resursele financiare, sunt considerabile în acest caz, având în vedere mediul de afaceri. De exemplu, într-o situație de criză economică, dacă se reduce personalul, calitatea serviciilor poate fi mai scăzută și, prin urmare, poate provoca o scădere a satisfacției clienților. Contribuția liderului de grup depinde, bineînțeles, de dinamica grupului, iar acesta va participa mai mult sau mai puțin în funcție de situație. În orice caz, le va cere participanților să clasifice cauzele care au fost identificate în ordinea priorității, fără a omite ideile privind originea problemei, chiar dacă acestea sunt greu de auzit de către manager.

- **Fă un pas înapoi.** După prima etapă, este întotdeauna o idee bună să le oferiți participanților un moment pentru a face un pas înapoi, astfel încât să revadă elementele care au fost omise anterior în timpul primei sesiuni de brainstorming. Între timp, managerul are astfel timp să reorganizeze diferitele idei ridicate de grup, să pună noi întrebări, să plaseze cauzele discutate pe grafic și să observe categoriile de cauze rămase neabordate. Din acel moment, va beneficia de o viziune de ansamblu și de o viziune mai clară care îi va permite să prevadă clar cauzele prioritare care trebuie analizate în profunzime.

- **A doua reuniune.** În cadrul acestei a doua ședințe de lucru, problema și cauzele ar trebui să fie rezumate pentru a determina cauza (cauzele) primară (primare). Grupul de lucru va reflecta apoi asupra acțiunilor care trebuie puse în aplicare în departamentele lor respective pentru a remedia cauza (cauzele) principală (principale) a problemei de nemulțumire.

Putem acum să aruncăm o nouă privire asupra problemei și a cauzelor potențiale discutate de grup:

- Mama Natură: Magazinul este situat departe de centru.

- Material: Magazinul nu are o secțiune dedicată produselor ecologice.

- Metoda: Nu există suficient personal, ceea ce provoacă cozi la casele de marcat, orele de deschidere ale magazinului sunt inflexibile, iar serviciul de asistență telefonică pentru clienți este ineficient.

- Mașină: Există adesea probleme atunci când se utilizează casele de marcat, probleme cu casele de marcat electronice etc.

- Forța de muncă: Personalul este nepoliticos și/sau incompetent, serviciul pentru clienți este ineficient și/sau inexistent.

Factorii care cauzează nemulțumirea clienților sunt atât de numeroși încât ar fi fost utilă includerea unei casete de sugestii la sfârșitul chestionarului de satisfacție, pentru a permite clienților nemulțumiți să se exprime liber.

În cele din urmă, în cazul în care cauza definită ca fiind prioritară se concentrează pe incompetența personalului (lipsa de cunoștințe despre produsele oferite de supermarket) și trebuie remediată rapid și eficient, trebuie avute în vedere soluții eficiente. Acestea ar putea include sesiuni de formare care să explice în mod clar diferitele produse din gama oferită de marcă sau elementele fundamentale ale relației angajat-client.

Între șase luni și un an de la efectuarea ajustărilor necesare, conducerea trebuie să nu uite să verifice rezultatele pentru a confirma că planul de acțiune pus în aplicare a avut într-adevăr un impact. Pentru a face acest lucru, echipa de marketing poate realiza, printre altele, un nou sondaj de satisfacție.

Concluzie

Managementul calității unei probleme poate fi realizat simplu, cu condiția ca abordarea să fie structurată și bine gândită. În acest exemplu, este imposibil de spus dacă rezultatul utilizării graficului va fi automat pozitiv și dacă, un an mai târziu, clienții vor fi mai mult sau mai puțin mulțumiți. Într-adevăr, cifrele de la departamentul financiar (rata de satisfacție, cifrele de vânzări etc.) ar ajuta la definirea mai precisă a cauzei. În cazul în care vânzările și satisfacția clienților sunt mai mici, este ușor de dedus că a scăzut calitatea produselor și, prin urmare, trebuie acordată atenție materialelor.

Celelalte modele conexe prezentate anterior pot completa, de asemenea, abordarea Ishikawa.

REZUMAT

- Diagrama Ishikawa este un instrument de management al calității, dezvoltat în anii 1940 de inginerul japonez Kaoru Ishikawa.

- Această metodă încurajează analiza structurată a unei probleme prin identificarea cauzelor și efectelor acesteia.

- Etapele care duc la rezolvarea unei probleme sunt:

  - asocierea cauzelor la un singur efect;

  - sortarea cauzelor în categorii (5 sau 8 Ms);

  - clasificarea cauzelor în ordinea importanței;

  - definirea priorităților;

  - punerea în aplicare a celei mai potrivite soluții.

- Aceasta este o abordare individuală și colectivă (punerea în comun a ideilor), în care aspectele esențiale sunt munca în echipă, brainstormingul și construirea diagramei.

- Se presupune că calitatea rezultatului obținut în urma diagramei depinde în principal de grupul de lucru (membrii grupului ar trebui să se completeze reciproc în ceea ce privește competențele, cunoștințele și experiența).

- Există și alte instrumente similare cu diagrama Ishikawa:

- cele 5 motive;

- graficul Pareto;

- reţeaua de eficienţă;

- metoda CARRTDAF.

- Cartografierea completă şi clară a cauzelor problemei contribuie la eficacitatea instrumentului.

- Recomandări:

  - lucraţi metodic prin enumerarea faptelor;

  - să vă bazaţi activitatea pe dovezi exacte şi dovedite;

  - nu săriţi peste etape şi dezvoltaţi-le cu rigurozitate;

  - utilizaţi instrumente suplimentare pentru a vă asigura că abordarea dumneavoastră este completă şi constructivă.

LECTURI SUPLIMENTARE

BIBLIOGRAFIE

Agence Nationale pour la Promotion de l'Innovation et de la Recherche au Luxembourg (2008) *Diagramme d'Ishikawa = diagramme cause-effet.* [Online]. [Accesat la 15 februarie 2017]. Disponibil la: < http://www.innovation.public.lu/fr/innover/gestion-innovation/resolution-probleme/diagrammeishikawa-fr.pdf>

Comisia Europeană (2014) *L'analyse coût-efficacité.* [Online]. [Accesat la 22 decembrie 2014]. Disponibil la Internet Archive: < https://web.archive.org/web/20150421232210/http://ec.europa.eu/europeaid/evaluation/methodology/examples/too_cef_res_fr.pdf>.

Gillet-Goinard, F. şi Seno, B. (2012) *Le grand livre du responsable qualité.* Paris: Eyrolles.

Ishikawa, K. (1984) *La gestion de la qualité. Outils et applications pratiques.* Paris: Dunod.

Le Dico du Marketing. *Definiţie. Diagramă de cauzalitate de Kaoru Ishikawa.* [Online]. [Accesat la 12 decembrie 2014]. Disponibil la: < http://www.ledicodumarketing.fr/definitions/Diagramme-de-cause-a-effet-de-Kaoru-Ishikawa.html>.

Lehu, J.-M. (2012) *L'encyclopédie du marketing.* Paris: Eyrolles.

Manager GO! (2013) *Comment utiliser le diagramme d'Ishikawa.* [Online]. [Accesat la 12 decembrie 2014]. Disponibil la: < http://www.manager-go.com/gestion-de-projet/dossiers-methodes/ishikawa-5m>

Nachal, L. (2011) La construction d'un diagramme causes-effets. *InfoQualité*. [Online]. [Accesat la 12 decembrie 2014]. Disponibil la: < http://www.infoqualite.fr/la-construction-dun-diagramme-causes-effets/>

Pommeret, B. (2013) *La boîte à outil de l'organisation*. Paris: Dunod.

SURSE SUPLIMENTARE

Ishikawa, K. (1985) *Ce este controlul total al calității?: Calea japoneză*. Trans. Lu, D. J. New Jersey: Prentice Hall.

Vrem să auzim de la tine!
Lasă un comentariu despre biblioteca ta online
şi împărtăşeşte cărţile tale preferate pe reţelele de socializare!

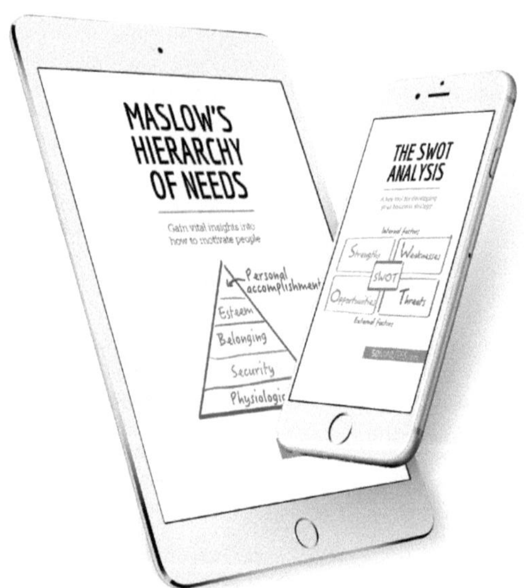

50MINUTES.com

IMPROVE YOUR GENERAL KNOWLEDGE
IN THE BLINK OF AN EYE!

www.50minutes.com

Master ISBN: 9782808600910
Hârtie ISBN: 9782808602365
Depozit legal: D/2022/12603/237

Design digital: Primento,
partenerul digital al editurilor.